Sprüchesammlung für

Geburtstagskarten

- für jeden der passende Spruch -

Kluge Denkanstöße & neue Blickwinkel

witzig - charmant - originell

Angelika Schober

Inhalt

- Geburtstagssprüche

- Freundschaftssprüche

- Weisheiten & Zitate

- Lustige Sprüche

- Motivationssprüche

- Sprüche zum Nachdenken

Geburtstagssprüche

Voll Heiterkeit und Sonnenschein soll heute dein

Geburtstag sein

und außerdem sei wunderbar,

das ganze neue Lebensjahr.

Bunte Träume sollen dich tragen

auf Reisen in ein Wunderland.

Was du auch wünscht, wird dir begegnen,

du hast es selber in der Hand.

Zum Geburtstag wünsch ich dir:

Einen Sonnenstrahl, der dich wach küßt,

einen Kuchen, der dir den Tag versüßt

und Freunde, die dich hochleben lassen.

Möge das Glück immer greifbar sein,

mögen gute Freunde jederzeit in der Nähe sein,

möge dir jeder Tag der kommt, besondere

Freude bringen,

die dein Leben heller macht.

Wandere der Sonne entgegen

und lass den Schatten hinter dir.

Alles Schöne, alles Gute, alles Glück

auf dieser Welt;

bleib gesund und bleibe fröhlich

tue das was dir gefällt.

Nun hast du wieder ein Jahr geschafft,

fürs Nächste wünsch ich dir viel Freude und

Kraft.

Ich wünsch dir von Herzen eine leckere Torte

und viele Geschenke, und vergiß nicht,

daß ich an dich denke!

Die Welt gehört dem, der sie genießt.

Freundschaftssprüche

Freundschaft ist wie ein Baum,

es zählt nicht, wie hoch er ist,

sondern wie tief die Wurzeln sind.

Freunde kann man nicht kaufen,

aber wer sie besitzt ist ein reicher Mensch.

Freunde sind wie Sterne,

man sieht sie nicht immer,

aber sie sind immer da.

Das größte Glück auf dieser Welt

Ist nicht Reichtum und viel Geld.

Das größte das kann ich dir nennen

Ist einen Menschen wie dich zu kennen.

Freunde sind die Menschen, die bleiben

Wenn alle anderen gehen.

Nicht täglicher Kontakt macht eine Freundschaft

aus, sondern die Gewissheit,

daß man sich aufeinander verlassen kann,

egal wann und wie.

Für dich würde ich Berge versetzen,

dich würde ich niemals verletzen.

Für dich da würde ich alles riskieren,

denn ich will dich niemals verlieren.

Freunde sind die, die immer zu dir halten,

auch wenn sie deine Entscheidung

nicht immer verstehen.

Ein Freundesherz ist so ein seltener Schatz,

die gesamte Welt ist dafür kein Ersatz.

Wenn in ein paar Jahren

mein Name wird genannt,

so denk an mich und sage:

die hab ich auch gekannt.

Motivationssprüche

Kämpfe um das was dich weiter bringt.

Akzeptiere das, was du nicht ändern kannst.

Und trenne dich von dem, was dich runterzieht.

Denke genau darüber nach,

was du dir wirklich wünscht

und glaube fest daran,

dann wird es in Erfüllung gehen!

Tu erst das notwendige

dann das mögliche

und plötzlich schaffst du das unmögliche.

Dein Leben beginnt dort,

wo du aufhörst, anderen zu folgen!

Laß dir niemals rauben,

Hoffnung, Liebe und Glauben,

welche dir im Leben

Trost und Stärke geben.

Es kommt im Leben nicht darauf an,

Glück zu haben,

sondern glücklich zu sein!

Lache, weine, schreie, fliege, hoffe,

liebe, wünsche und lebe.

Denn damit setzt du dein eigenes Autogramm

auf den Brief dieser Welt.

Glaube an Wunder, Liebe und Glück!

Schau nach vorne und nicht zurück.

Tu was du willst, und steh dazu,

denn dein Leben lebst nur du!

Stark zu sein bedeutet nicht, nie zu fallen.

Stark zu sein bedeutet immer wieder

aufzustehen!

Lustige Sprüche

Schlimmer als ein Elefant im Porzellanladen,

ist ein Igel in der Kondomfabrik.

Man sollte sich ein Beispiel an einer Couch nehmen,

die muß auch mit jedem Pfurz zurecht kommen!

Eine kinderlose Ehe

besteht aus Spaßvögeln.

Wenn du denkst es geht nicht mehr,

dann löffle das Nutella leer.

Blick nicht trostlos in die Welt

wie die dummen Kälber;

das Gesicht ist dir geschenkt,

lachen mußt du selber.

Wenn dich das Leben fickt,

dann beweg dich im Rhythmus,

denn der Höhepunkt kommt erst noch...

Das Leben ist ein Nehmen und Geben….

also nimm mich und gibs mir!

Es ist schön, jemanden zu kennen

mit dem man vor lauter Spaß,

den Ernst des Lebens vergessen kann.

Du bist nicht verrückt,

du bist nur eine Limited Edition!

Das Leben wär nur halb so nett,

wenn nicht jeder einen Vogel hätt!

Nimm das Leben nicht zu ernst, du kommst hier

eh nicht lebend raus!

Weisheiten & Zitate

Träume nicht dein Leben,

sondern lebe deinen Traum!

Wirklich reich ist,

wer mehr Träume in seiner Seele hat,

als die Realität zerstören kann.

Bleib nicht auf ebnem Feld,

steig nicht zu hoch hinaus!

Am schönsten sieht die Welt

von halber Höhe aus!

Achte auf deine Gedanken,

sie sind der Anfang deiner Taten!

Das Glück liegt in den kleinen Dingen,

die das Leben schöner machen.

Am Abend wird man klug,

für den vergangenen Tag,

doch niemals klug genug,

für den, der kommen mag.

Glücklich ist , wer sich nicht darüber sorgt, was

ihm fehlt

Sondern sich darüber freut, was er hat.

Man kann dem Leben nicht mehr Tage geben,

aber den Tagen mehr Leben!

Drei Engel mögen dich begleiten

Durch deine ganze Lebenszeit;

und die drei Engel, die ich meine

sind Liebe, Glück, Zufriedenheit.

Liebe ist das Einzige, daß nicht weniger wird,

wenn wir es verschwenden.

Das ist das Schwierigste:

Einen Menschen zu finden, mit dem man

in die gleiche Richtung schaut.

Der Rest ergibt sich von selbst.

Das große Glück in der Liebe besteht darin,

Ruhe in einem anderen Herzen zu finden.

Und was ist Glück?

Glück ist nichts anderes, als auf positive Energien

eingestimmt zu sein.

Du kannst dich nicht selbst finden,

indem du in die Vergangenheit gehst.

Du findest dich selbst, indem du in die

Gegenwart kommst.

Wir sind was wir denken.

Alles was wir sind, entsteht aus unseren

Gedanken.

Mit unseren Gedanken formen wir die Welt.

Sprüche zum Nachdenken

Nicht weil die Dinge unerreichbar sind, wagen wir sie nicht.

Weil wir sie nicht wagen, bleiben sie unerreichbar!

Wenn du etwas möchtest, was du noch nie hattest,

mußt du etwas tun, was du noch nie getan hast!

Wenn du am Morgen erwachst, denke daran,

was für ein köstlicher Schatz es ist,

zu leben, zu atmen und sich freuen zu können.

Die Fähigkeit, glücklich zu leben,kommt aus

einer Kraft, die der Seele innewohnt.

Es kommt ein Zeitpunkt in deinem Leben

an dem du realisierst, wer dir wichtig ist,

wer es nie war und wer es immer sein wird.

So mach dir keine Gedanken über die Menschen

aus deiner Vergangenheit, denn es gibt einen

guten Grund weshalb sie es nicht in deine

Zukunft

geschafft haben!

Wer heute nichts tut

wird morgen leben wie gestern!

Das Leben ist wie ein Fahrstuhl.

Auf dem Weg nach oben muß man manchmal anhalten

um bestimmte Menschen aussteigen zu lassen.

Willst du wertvolle Dinge sehen,

so brauchst du nur dorthin zu blicken,

wohin die große Menge nicht sieht.

Zufrieden sein ist große Kunst,

zufrieden scheinen bloßer Dunst,

zufrieden werden großes Glück,

zufrieden bleiben Meisterstück.

Das Leben ist keine Herausforderung,

wenn du weißt wie du es spielst.

Das Gestern ist Geschichte,

das Morgen ein Rätsel,

das Heute ein Geschenk.

Nicht die Schönheit entscheidet, wen wir lieben

Sondern die Liebe entscheidet, wen wir schön finden.

Das Rezept für Gelassenheit ist ganz einfach:

Man darf sich nicht über Dinge aufregen, die

nicht zu ändern sind.

Man lebt ruhiger, wenn man nicht alles sagt,

was man weiß,

nicht alles glaubt was man hört

und über den Rest einfach lächelt.

Viele Menschen wissen, daß sie unglücklich sind.

Aber noch mehr Menschen wissen nicht, daß sie

glücklich sind.

Ich möchte Leute um mich haben, die durch

Zufall in mein Leben purzeln und mit voller

Absicht bleiben.

Den wahren Charakter eines Menschen erkennst

du daran,

wie er sich benimmt,

wenn er sich nicht benehmen muß.

Fordere viel von dir selbst und erwarte wenig

von anderen.

So wird dir viel Ärger erspart bleiben.

Es kommt nicht darauf an, mit dem Kopf durch

die Wand zu gehen,

sondern mit den Augen die Tür zu finden.

Glaube an Wunder, Liebe und Glück.

Schau nach vorne und nicht zurück!

Tu was du willst und steh dazu,

den dein Leben lebst nur du!

Alt ist man erst, wenn man an der

Vergangenheit mehr Spaß hat

als an der Zukunft

Schon wieder ein Geburtstag

und kein passender Spruch für die Karte.....

kennen Sie das ?

Hier finden Sie für jede Person den passenden Spruch!

- mit wenigen Worten das Wesentliche auf den Punkt gebracht.

Herstellung und Verlag:
BoD - Books on Demand, Norderstedt
ISBN 978-3-7357-7872-7